Nostalgias of November/ Nostalgias de Noviembre

 Poems/Poemas

Arturo Magaña Amaya

MIMBRES PRESS
of Western New Mexico University

Mimbres Press of Western New Mexico University is dedicated to advancing the University's mission by publishing works of lasting value that reflect the intellectual, creative, historical, natural, and cultural heritage of the southwest region and state of New Mexico, as well as selective works of national and global significance.

FIRST EDITION, 2023
Request for permission to reproduce material from this work should be sent to:

Permissions
Mimbres Press
1000 W. College Avenue
Silver City, NM 88061

Cover and Layout Design:
Paul Hotvedt, Blue Heron Typesetters, LLC

Photo Credit:
Jay Hemphill

Amaya, Arturo Magaña, 1990–
Nostalgias of November / Arturo Magaña Amaya.

978-1-958870-03-7 (Hardcover)
978-1-958870-04-4 (Paperback)
978-1-958870-05-1 (eBook)
LOC Copyright Case #: 1-12127198861

MIMBRES PRESS OF WESTERN NEW MEXICO UNIVERSITY
Western New Mexico University
P.O. Box 680
Silver City, New Mexico 88062
mimbrespress.wnmu.edu

For Antonia Gascón de Magaña, my grandmother
For Heriberto Amaya Solano, my grandfather
  duerman con los ángeles

Para Antonia Gascón de Magaña, mi abuela
Para Heriberto Amaya Solano, mi abuelo
  duerman con los ángeles

Luna que se quiebra
sobre la tiniebla
de mi soledad,
a dondé vas.
　　—Agustín Lara, de "Noche de ronda".

Moon that breaks
over the darkness
of my loneliness,
where are you going.
　　—Agustín Lara, from "Noche de ronda."

The following poems first appeared in these journals:

Star 82 Review: "Fallows" under the title "Once, Forevers."
The McNeese Review: "Sobre la pared" under the title
"On a Guate Wall."

Los siguientes poemas aparecieron por primera vez en estas
revistas:

Star 82 Review: "Fallows" con el título "Once, Forevers."
The McNeese Review: "Sobre la pared" con el título
"On a Guate Wall."

A note on the translation:
In the borderlands, you will hear Spanish spoken.
English. Always, you'll hear Spanglish. *Nostalgias* is my
attempt to validate the borderland tradition and culture
of code-switching—I get closest to this source in my
original poems. Here, I draw from both English and
Spanish. Yet, there is more to be said. And in order
to speak to those loved ones on the other side, I also
present my translations in Spanish. Thank you to my
parents and Gitzel Puente for their assistance with this
translation.

Una nota sobre la traducción:
En las tierras fronterizas, escucharás hablar español.
Inglés. Siempre, escucharás Spanglish. *Nostalgias* es mi
intento de validar la tradición fronteriza y la cultura del
cambio de lenguas: me acerco más a esta fuente en mis
poemas originales. Aquí, me baso tanto en inglés como
en español en un solo poema. Sin embargo, hay más
que decir. Y para hablar con seres queridos del otro lado,
también les presento mis traducciones en español.
Gracias a mis padres y Gitzel Puente por su asistencia
con la traducción.

Contents/Índice

Prologue

*El Mar Bermejo, Sonora, México, upon the shores of my
story, the moonlight—*

We sing. We stand on the shore and the waves crash and
it is green. The waves, our minds. And it is yellow. The
shore. The sun.

We have sobrenombres here. We call that man there
the cap-wearer. And that is Portugal. No one seems to
know why we call him, Portugal. He was born south
of here, in Guaymas. Nights, he keeps the lighthouse
aflame—a burning for those memories stolen into the
storm of struggle.

On these shores, the captains name the skiffs after the
beautiful women. The mothers and daughters and wives.
Rita and Laura. Guadalupe. María. So many women are
named, María. We hear their names and the rosary is
chanted in dark rooms as eyes rest on dirt floors.

Women are walking about. Their dresses brush whiter
than the midday sun. The seagulls fly higher than the
songbirds, nesting in the bugambilias. We gather on the
shore and when the fish catch, the sea soaks our shirts,
our hands.

We smell the burning of garlic in lard. A boy digs for
eggs, for breakfast or dinner. It does not matter. There
are sacks of potatoes and onions strewn on the dusty
floors of soup kitchens. There is no money for gas, but
there is flour. We are from the ejidos and from the desert
mesa hills and from shacks on the shorelines.

As the sun beats us back under the yucateco trees and
the waters swell, we wait. It is spring as a golden eagle
perches upon the tallest post. "What news from the tops

of Popocatépetl? From the steep terraces of teosinte, what thunder?" We ask.

From those heights, our bodies become the shore and the salt in the dew. The blaze of the lighthouse overwhelms us. Listen—we sing the song of the songbirds. And perhaps, we only remember the fullest of moons. So is it with love, the grace and not its letting. Like Abuelo, listening to it all as the pipe smoke swirls like the schooling of sierra, him saying, "In three days, mijo, the light of the full moon will sustain every shore."

Arturo Magaña Amaya

Prólogo

El Mar Bermejo, Sonora, México, en las playas de mi historia, la luz de la luna—

Cantamos. Nos paramos en la playa y las olas caen y es todo verde. Las olas, nuestras mentes. Y es todo amarillo. La playa. El sol.

Tenemos sobrenombres aquí. A ese hombre allí le dicen el Cachucha. Y él es Portugal. Nadie parece saber por qué le dicen, Portugal. Nació al sur de aquí, en Guaymas. En las noches, mantiene el faro prendido, una llama de esos recuerdos robados en la tormenta de la lucha.

En estas playas, los capitanes nombran a las pangas con los nombres de las mujeres hermosas. Las madres y las hijas y las esposas. Rita y Laura. Guadalupe. María. Tantas mujeres tienen el nombre de María. Escuchamos sus nombres y el rosario se canta en cuartos oscuros mientras los ojos descansan en los pisos de tierra.

Las mujeres están caminando. Sus vestidos son más blancos que el sol de mediodía. Las gaviotas vuelan más alto que los pájaros cantores que anidan en las bugambilias. Nos reunimos en la playa y cuando atrapamos los peces, el mar empapa nuestras camisas, nuestras manos.

Olemos el ajo cocinando en manteca. Un niño busca huevos, para el desayuno o la cena. No importa. Hay sacos de papas y cebollas sobre los pisos sucios del comedor. No hay dinero para el gas, pero hay harina. Somos de los ejidos y de las colinas y mesas del desierto y de las cabañas en las playas.

Cuando el sol nos manda bajo los yucatecos y las aguas aumentan, esperamos. Es primavera cuando el águila se posa en el poste más alto. ¿"Qué noticias de las cimas del Popocatépetl? ¿Desde las terrazas del teosinte, qué trueno"? Preguntamos.

Desde esas alturas, nuestros cuerpos se convierten en la playa y la sal en el rocío. El resplandor del faro nos abruma. Escucha, cantamos el canto de los pájaros cantores. Y tal vez, solo recordamos la luna llena. Así es con el amor, su gracia y no su derramamiento. Como con el abuelo, escuchándolo todo mientras el humo de la pipa gira como un cardumen de sierra, diciendo él, "En tres días, mijo, la luz de la luna llena sostendrá todas las playas".

Arturo Magaña Amaya

Foreword

A poet's gift is immersion—the ability to captivate readers with images, sensations and thoughts that create a living place on the printed page. Suddenly, the poet's world becomes the reader's world. Arturo Magaña Amaya's poetry collection, *Nostalgias of November*, is a remarkable display of this stylized writing. His work opens spaces and places in the human psychic that without his words would have remained untouched. Longings and hidden truths deep in the human heart are stirred to life and follow a path from darkness to light and beyond to new paths, some rocky and treacherous with twists and turns, others open invitations to climb higher.

Thirteen years ago, Arturo attended a class at Arizona State University, and joined in a discussion about my novel, *Let Their Spirits Dance*. He was inspired to contact me and did so via email. He sent me some examples of his work and said I had encouraged him to continue writing. Amid many communications I receive, I don't recall the details, but I am so glad he took my advice. Often, an open door is only the beginning of surprising interactions. Two years ago, he reached out to me again and asked me to contribute a poem to an on-line magazine he and fellow writers were putting together, and so our friendship began in earnest. Later, he sent me examples of some short stories and poetry that consisted of single poems in no particular order. As I read his poetry in the wee hours of the morning, as is my custom, I was stunned by the sheer beauty of his work, simply told, yet opening before my eyes a world lived in what has been described as a war zone—the U.S. Mexico border. His ability to see beyond the harsh reality and capture the sacred invisible bonds between north and south immersed me in the world of desperate refugees, lovers torn apart, lost members of familias who never made it back, and courageous unfailing trust and faith in God.

The open door between myself and Arturo brought more surprising interactions. In 2021, through the efforts of Joseph Shepard, President of Western New Mexico University, Mimbres Press was created and I was asked to be a member of the Advisory Board. In a nutshell, the mission of Mimbres Press is to publish works with themes related to the American Southwest. The Press was created just in time for Arturo to submit his first collection of poetry, *Nostalgias of November*. Editor JJ Amaworo Wilson, immediately saw what I had come to know—we had before us, a gifted poet. He recommended the manuscript for publication and it became one of the very first projects undertaken by Mimbres Press.

Arturo's universe is lived in the border town of Somerton, Arizona, five minutes from the Mexican border and one hour away from the Sea of Cortez. Flat mesas, dry heat and temperate winters, along with expansive agricultural fields and orchards describe the small town that is often bathed in sunsets that Arturo describes as "deep red, and brilliant yellow." The agricultural fields were the draw for the braceros, seasonal workers who crossed the border annually to work in the U.S. His grandparents, aunts, uncles and cousins were part of this workforce. Arturo describes their labor as, "Subtle pride in hard work and appreciative of their new lives." With one foot in Mexico and the other in the U.S., they depended on one another. Arturo describes family love as the truest of all, "an unconditional lineage of love." In "Sobre la pared" he writes "I will cry—¡Familia! I do not want death to be the only thing that brings us together."

Arturo's Master's Degree in Anthropology Research from Northern Arizona University in 2017 became a perfect fit for assimilating and absorbing the flow of humanity crossing continuously from south to north and vice versa. Until now, it has always been that way and no wall or vigilant border patrol or high-tech device has been able to stop the essential need to belong to both sides of the border. When the dust settles, no one can be sure if it rests on Mexican or American soil—everything looks the same. The journey for migrants is often a perilous one, fraught with death from the desert's heat or at the hands of murderous coyotes posing as legitimate guides. In "Thursday: Altar, Sonora" Arturo describes this deadly journey, naming the fallen and warning the living. "If you're lucky enough to draw breath, keep these names and remember them when you rise."

The evolution of Arturo as a poet began as he graduated from high school and became aware of the Chicano movement and its focus on fully accepting both Spanish and Indigenous ancestry. It was a personal struggle for identity and what it meant to be both Mexican and American, a mestizo, with links to the Yaqui Nation. He recalls jotting down poems whenever he could, joined by a like-minded friend who shared his poetry with him. Poetry became a way to put his energy into action for the sake of others as he had seen his grandfather do in helping the distressed and needy. He describes a poet as "Someone who looks at success and failure and finds beauty in both."

In his zeal to heal divisions between Americans and migrants, between refugees who are the most desperate of all and those who turn them away, and from the cruel judgments caused by differences of color, creed and religious beliefs, Arturo grasps the fringes of unity and with his clever weaving of words strengthens the whole, until we see and actually hear the beauty of what was always there. In "Huellas" his dramatic words point us in the right direction. "Why can't we be like eyes that fall in love with every sunset?"

If immersion is a defining word for a poet's skill, then Arturo Magaña Amaya has met his mark.

Stella Pope Duarte
November 2022

Prefacio

El don de un poeta es la inmersión—la capacidad de cautivar a los lectores con imágenes, sensaciones y pensamientos que crean un lugar de vida en las palabras y páginas. De repente, el mundo del poeta se convierte en el mundo del lector. El libro de poesía, *Nostalgias de Noviembre*, es una exhibición notable de este tipo de escritura. Su trabajo abre espacios y lugares en la mente que sin sus palabras habrían permanecido intactos. Los anhelos y las verdades ocultas en lo profundo del corazón cobran vida y siguen un camino de la oscuridad a la luz y más allá a nuevos caminos, algunos peligrosos y traicioneros con giros y vueltas, otros abren invitaciones para subir más alto.

Hace trece años, Arturo asistió a una clase en Arizona State University, y participó en una conversación sobre mi novela, *Let Their Spirits Dance*. Se inspiró y me mando un correo electrónico. Me envió algunos ejemplos de su poesía y me dijo que lo había animado a continuar escribiendo. En medio de muchas comunicaciones que recibo, no recuerdo los detalles, pero me alegro mucho de que haya seguido mis consejos. A menudo, una puerta abierta es el comienzo de interacciones sorprendentes. Hace dos años, se comunicó conmigo de nuevo y me pidió que contribuyera un poema a una revista en línea que él y sus colegas estaban creando, y así nuestra amistad comenzó sinceramente. Después, me envió ejemplos de algunos cuentos y poesías que consistían en poemas individuales sin ningún orden en particular. Mientras leía su poesía por la madrugada, cómo es mi costumbre, estaba asombrada por la belleza de su trabajo, contado simplemente, pero abriendo ante mis ojos un mundo

vivido en lo que ha sido descrito como una zona de gue-
rra—la frontera de EE.UU. y México. Su capacidad para
ver más allá de la cruda realidad y captar las semejanzas
invisibles y sagradas entre el norte y el sur, me sumergie-
ron en el mundo de refugiados desesperados, amantes
destrozados, familiares perdidos que nunca regresaron, y
una fidelidad y fe en Dios.

La puerta entre Arturo y yo presentó otras sorpresas.
En 2021, a través de los esfuerzos de Joseph Shepard,
presidente de Western New Mexico University, se creó la
imprenta, Mimbres Press, y fui solicitada ser miembro
de la mesa directiva. En pocas palabras, la misión de
Mimbres Press es publicar obras con temas relaciona-
dos con el suroeste americano. La prensa se creó justo
a tiempo para que Arturo presentara su primer libro,
Nostalgias de Noviembre. Nuestro editor JJ Amaworo Wil-
son, inmediatamente vió lo que yo sabía—teníamos ante
nosotros, un poeta dotado. Recomendó el manuscrito
para su publicación y se convirtió en uno de los primeros
proyectos de Mimbres Press.

El universo de Arturo se vive en el pueblo fronterizo
de Somerton, Arizona, a cinco minutos de la frontera
con México y a una hora del Mar de Cortés. Mesas pla-
nas, calor seco e inviernos templados, junto con campos
agrícolas y huertas describen el pequeño pueblo que está
coloreado con puestas de sol que Arturo describe como
"rojo intenso y amarillo brillante". Los campos agrícolas
atrajeron a los braceros, los trabajadores temporales que
cruzaban la frontera anualmente para trabajar en los
EE. UU. Sus abuelos, tías, tíos y primos formaban parte
de esta fuerza laboral. Arturo describe esta historia con
"Orgullo sutil por el trabajo duro y agradecidos por sus
nuevas vidas". Con un pie en México y el otro en los Es-
tados Unidos, dependían el uno del otro. Arturo describe
el amor familiar como el más verdadero de todos, "un

linaje incondicional de amor". En el poema "Sobre la pared" escribe, "¡Familia! No quiero que la muerte sea lo único que nos reúna".

Los estudios de maestria en investigación en antropología de Arturo de Northern Arizona University se convirtieron en un complemento perfecto para asimilar y absorber la cultura y pueblo que cruza continuamente de sur a norte y viceversa. Hasta ahora, siempre ha sido así y ningún muro, ni patrulla fronteriza, ni tecnología ha podido frenar la necesidad de pertenecer a ambos lados de la frontera. Cuando el polvo cae, nadie puede estar seguro de si se queda en tierra mexicana o estadounidense—todo se ve igual. El viaje de los migrantes es peligroso, cargado con la muerte por el calor en el desierto o a manos de coyotes asesinos haciéndose pasar por guías legítimos. En el poema, "Jueves: Altar, Sonora" Arturo describe este camino peligroso, dándoles nombres a los caídos y advirtiendo a los vivos. "Si tienes la suerte de respirar, protege estos nombres y recuérdalos cuando despiertes".

La evolución de Arturo como poeta comenzó cuando se graduó de la escuela secundaria, y se dio cuenta del movimiento chicano y su enfoque en aceptar plenamente el español y ascendencia indígena. Fue una lucha personal por la identidad y lo que significaba ser mexicano y estadounidense, un mestizo, con lazos con la Nación Yaqui. Recuerda escribiendo poemas cada vez que podía, acompañado por un amigo que compartía su poesía con él. La poesía se convirtió en una forma de poner su energía en acción por el bien de los demás, como había visto hacer a su abuelo ayudar a los afligidos y necesitados. Él describe a un poeta como "Alguien que mira el éxito y el fracaso y encuentra belleza en ambos".

En su afán para curar las divisiones entre estadounidenses y migrantes, entre refugiados que son los más desesperados de todos y de los que los rechazan, y de los juicios crueles causados por las diferencias de color, credo y creencias religiosas, Arturo capta los bordes de la unidad y con su inteligente tejido de palabras fortalece la escena, hasta que vemos y escuchamos la belleza de lo que siempre estuvo ahí. En "Huellas" sus palabras notables nos guían en la dirección correcta. ¿"Por qué no podemos ser como ojos que se enamoran de cada atardecer"?

Si la inmersión es lo que define la habilidad de un poeta, entonces Arturo Magaña Amaya ha cumplido con su objetivo.

Stella Pope Duarte
noviembre de 2022

Acknowledgements

I dedicate this book to my abuelos. Abuelo, who fished in the Vermillion Sea, abuela, who mothered eleven children, braceros del campo. They guarded my dreams against all empty hulls and cutting winters. These poems are their fruits and I share them with you.

And mil gracias—

To my parents. My mom who shows me how to love—it does not ever run out. And we will never run out. Without my dad, I would not write. I would not read. They taught me to value our community.

To my brother. Through each struggle in our lives, you stay true towards the north.

To Ms. Stella Pope Duarte. Your vision allowed this book. I am grateful for you, and, in my life, you are the person I strive towards.

To my teachers. Ms. Silivongxay. Mrs. Garcia. Dr. Hardy. Allegra. Your caring goes beyond poetry and it embraces each of your students.

To my friends. Jesús. Gene. Benito. Kathy. Taylor. Cecilia. You know, there is light in my world, because of friends like you.

To JJ Amaworo Wilson, my editor. And to Marvel Harrison, Jared Kuritz and the wonderful people at Mimbres Press. We are all here only because of you.

Los abrazo con cariño, familia querida.

—*Arturo, November, 2022*

Agradecimientos

Este libro lo dedico a mis abuelos. Abuelo que pescaba en el Mar Bermejo, abuela que fue madre de once niños, braceros del campo. Ellos guardaron mis sueños contra todos los cascos vacíos y los inviernos tan largos. Estos poemas son sus frutos que comparto.

Y mil gracias—

A mis padres. Mi mamá que me demuestra cómo amar—nunca se nos acabará. Sin mi papá, no escribiría. No leería. Me enseñaron a valorar nuestra comunidad.

A mi hermano. A través de cada lucha en nuestras vidas, te permaneces fiel hacia el norte.

A la Sra. Stella Pope Duarte. Tu visión permitió este libro. Estoy agradecido por ti y, en mi vida, eres la persona que esfuerzo para emular.

A mis maestros. Sra. Silivongxay. Sra. Garcia. Dra. Hardy. Allegra. Su cariño va más allá de la poesía y abraza a cada uno de sus alumnos.

Para mis amigos. Jesús. Gene. Benito. Kathy. Taylor. Cecilia. Hay luz en mi mundo, gracias a amigos como ustedes.

A JJ Amaworo Wilson, mi editor. Y a Marvel Harrison, Jared Kuritz y la gente maravillosa de Mimbres Press. Todos estamos aquí solo por ustedes.

Los abrazo con cariño, familia querida.

—Arturo, noviembre de 2022

Part I **Sueños**

Parte I **Sueños**

Mijo, pal' mar

Mijo, some will judge
how you break bread—
but never stop offering your table,
there is nothing more honest
than providing a warm meal.

As you stand from our table
say to God—
I am blessed
to face the crowing roosters
once more.

Today, your nets might catch
camarón or curvina—
always share of your sweat
as your neighbors
did before you.

Mijo, your body will war
to raise sails in high seas.
But sometimes,
it takes a stronger will
to anchor yourself in lonesome rooms.

Our fathers drew identity from the seas.
Our mothers' pride, from you, *sus ojos*,
our children's strength.
Draw from both bloods
to stand as steady as ironwoods.

Mijo, pal' mar

Mijo, algunos juzgarán
cómo partes el pan—
pero nunca dejes de ofrecer tu mesa,
no hay nada más honesto
que compartir comida.

Al levantarte de nuestra mesa
dile a Dios—
estoy muy agradecido
de enfrentar el canto de los gallos
una vez más.

Hoy, tus redes podrían pescar
camarón o curvina—
siempre comparte de tu sudor
como tus vecinos
hacen hacia ti.

Mijo, tu cuerpo guerreará
para izar velas en alta mar.
Pero a veces,
se necesita una voluntad más fuerte
anclarte en cuartos solitarios.

Los padres nuestros crearon una identidad de los mares.
El orgullo de nuestras madres, de ti, *sus ojos*,
la fuerza de nuestros hijos.
Extraer de ambas sangres
para permanecer tan firme como el palo fierro.

Nearby, people build walls
with stones
of prejudice—
rather live like the glorious wind
that is never bound by barriers.

Mijo, when people scale these walls
and come to you unfed for a bed,
you must welcome them
as I hope strangers will welcome you
after I am gone.

People will paint purity from any difference.
And they will ask you to carry their cannons.
I leave you these words instead—
you do not have to be violent
to show the world you are a man.

Our sea, in years past, covered our needs
with tides and seasons spinning by divinity.
When my soul leaves this earth
and my ashes are spread over the water
you will sing our pueblo's litany.

Cerca de aquí, la gente construye muros
con piedras
de prejuicio—
mejor vive como el viento glorioso
que nunca está sujeto a barreras.

Mijo, cuando la gente escale estos muros
y venga a ti sin comer o cama,
debes ofrecerles tu hogar
así como espero que los extraños te darán a ti
después de haberme ido, al más allá.

La gente pintará la pureza de cualquier diferencia.
Y te pedirán que soportes sus cañones.
Te dejo estas palabras en su lugar—
no tienes que ser violento
para mostrarle al mundo que eres un hombre.

Nuestro mar, en años pasados, cubrió nuestras necesi-
dades
con mareas y estaciones girando con divinidad.
Cuando mi alma se vaya de este mundo
y mis cenizas son echadas sobre el agua
cantarás la letanía de nuestro pueblo.

Drum

I will beat our drum
resounding as roosters crowing.
And I will share our cosechas
with the children.
Never falter, precious innocents—
oranges only blossom
when winter has passed away.

Tambor

Tocaré nuestro tambor
resonando como el canto de los gallos.
Y compartiré nuestras cosechas
con los niños.
Nunca teman, inocentes preciosos—
las naranjas florecen
solamente cuando el invierno ha pasado.

Salt

"Los alimentos son sagrados—"

Mijo, bring sal de Mar Bermejo.
It is two days' journey—
we must use earth to season alimentos.

Mash mesquite pods and knead pan de mujer.
Women have the best hands
for stone grinding tools.

Listen to the rain fall
in palo verdes
and mesquites del monte.

Harpoon in shallow waters
for totoaba croaker—
the beasts will carry fish to market.

You can only find the largest clams
in the black mud
on shorelines of dirty gulls.

Mijo, every love
will ask you
to change.

I've seen that
we accept these changing tides
only when we find our true love.

If you are afraid, just know
I would be more so
if you do not share your love—

Sal

"Los alimentos son sagrados"—

Mijo, trae sal de Mar Bermejo.
Son dos días de viaje—
debemos usar la tierra para sazonar los alimentos.

Machaca las semillas del mezquite y amasa pan de mujer.
Las mujeres tienen las mejores manos
para los metates.

Escucha la lluvia caer
en los palo verdes
y mezquites del monte.

Arpón en aguas someras
por totoaba—
las bestias llevarán pescado al mercado.

Solo puedes encontrar las almejas más grandes
en el lodo negro
en las playas de gaviotas sucias.

Mijo, cada amor
te pedirá
cambiar.

He visto
que aceptamos estas mareas cambiantes
sólo cuando llega nuestro verdadero amor.

Si tienes miedo, solo debes saber
que lo sería más
si no compartes tu amor—

9

ábrete
ábrete
ábrete

As when I sold my plata,
and cast-iron stove,
to fund a fishing vessel.

I raised sails against tides,
captained El Río Suchiate
until it took water.

Mijo, beacons do not burn
when you call for them
in the dark.

But having lacked all signals,
I found the guiding light
within me.

ábrete
ábrete
ábrete

Como cuando vendí mi plata,
y estufa de hierro fundido,
para financiar un barco de pesca.

Levanté velas contra mareas,
capitaneaba El Río Suchiate
hasta que mi barco se hundió.

Mijo, los faros no arden
cuando los llamas
en la oscuridad.

Pero faltando todas las señales,
encontré la luz guía
dentro de mí.

Us

and to the seasons of spring
wherever you are
we follow

We must learn from abuelos and abuelas
to raise roofs
and cover fears with aprons.

Keep only what is necessary—
our Yaqui line and our memories
of the hills of Castilla y León.

And tell the others
we listen for shuffling feet
and crowing roosters.

Flaca, I've been asking myself,
do you think it's right
to be too tired to be righteous?

The charros once sang
of llanos and lagunas—
now we sing with black-top slang.

And we try to see
the things that break us
try to divide us—

the living-room wars,
hung flags that mean danger,
faith that only privileges provide,
the short-handled hoes,

Nosotros

y hacia las estaciones de la primavera
dónde quiera que estés
seguiremos

Debemos aprender de los abuelos y abuelas
a levantar techos
y cubrir los miedos con mandiles.

Conserva sólo lo necesario—
nuestra línea Yaqui y nuestros recuerdos
de los montes de Castilla y León.

Y dile a los demás
escuchamos los pies que se arrastran
y los gallos cantando.

Flaca, me he estado preguntando
¿Crees que está bien
estar tan cansado que no puedes ser justo?

Los charros una vez cantaron
de llanos y lagunas—
ahora cantamos con jerga del pavimento.

Y tratamos de ver
las cosas que nos destrozan
intentan dividirnos—

las guerras de la sala,
banderas colgadas que significan peligro,
la fe que solamente los privilegios dan,
los azadones de mango corto,

the crossing picket fences,
los muros que protestan murales,
bronze badges that bleed us,
with police signs that mean peligro,
firearms to mean freedom,
the red-lined barrios,
barrios only in name,
brotherhood for no others
from other hoods,
freedom to define salvation,
freedom to define life,
freedom to define sovereignty,
freedom to define race,
freedom to define black,
freedom to define brown,
freedom to define all others,
by the scales of their indifference,
that take stock only of markets,
or what our labors produce,
and teaching with only trivia,
neighbors who are strangers,
and actions mean
only "thoughts and prayers."

Against this we migrate
seeking the seasons of spring
seguimos la corrida.

aquellos que rompen las huelgas,
los muros que protestan murales,
insignias que nos sangran,
con letreros de policía que significan peligro,
armas de fuego para significar libertad,
los barrios de "línea roja",
barrios solamente por su nombre,
hermandad para nadie más
de otros barrios,
libertad para definir la salvación,
libertad para definir la vida,
libertad para definir la soberanía,
libertad para definir la raza,
libertad para definir negro,
libertad para definir moreno,
libertad para definir todos los demás,
por la balanza de su indiferencia,
que sólo se preocupan por los mercados,
o lo que produce nuestro trabajo,
y enseñando con solo trivialidades,
vecinos que son extraños,
y las acciones significan
sólo "pensamientos y oraciones".

Contra esto migramos
buscando las estaciones de la primavera
seguimos la corrida.

Grass

The grass moves
like schooling fish.

They say it means something
to have faith.

Remember, as you held me,
"Love is an equation of circumstance."

Pasto

El pasto se mueve
como cardúmenes de peces.

Dicen que significa algo
tener fe.

Recuerda, mientras me abrazabas,
"El amor es una ecuación de las circunstancias".

Fallows

I don't have a job.
I sit at a black table
and write to-do lists,
read letters lost friends wrote me.

I lived in the ponderosa pines
and I now live in the desert
under the Sonoran sun.

I once wrote a book
about a Chicano boy,
who bled in the lettuce fields.

The seasons teach me about patience
and I learned from experience
that love can last as long as two people look at each other
without worrying about the fallows in the fields of life.

Barbechos

No tengo trabajo.
Me siento en una mesa negra
y escribo listas de cosas por hacer,
leo cartas que amigos perdidos me escribieron.

Viví en los pinos ponderosa
y ahora vivo en el desierto
bajo el sol de Sonora.

Una vez escribí un libro
sobre un chico chicano,
que sangró en los campos de lechuga.

Las estaciones me enseñan paciencia
y aprendí por experiencia
que el amor puede durar lo que dos personas
  se miran
sin preocuparse por los barbechos en los campos de la vida.

Breaths

The fields rob our youth...
shotgun drags off of Avenue E...

Father left us for the coming seasons,
for citrus groves and pickers' strikes.
He kept his things in storage, the pots and molcajetes
that belonged to abuela from Los Altos,
where the skies were gashed.

Why can't father
show love
to children and women who sit about,
but only worship the work
in the citrus groves?

Saltwater pines line the paths,
as they did for the ancestors.
The ancestors speak to us
through fingerprints
of our ways of knowing.

With the cutting of figs
browning garlic for oil
and by singing the softest serenades
under the yucatecos
fingerprints for us to trace.

Respiraciones

Los campos nos roban la juventud...
lugares de reunión por la avenida E...

Padre nos dejó por las próximas estaciones,
para las huertas de cítricos y las huelgas.
Almacenaba sus cosas, las ollas y molcajetes
que era de nuestra abuela de Los Altos,
donde los cielos estaban magullados.

¿Por qué padre no puede
mostrar amor
a los niños y mujeres que se sientan por ahí,
pero solo adorar el trabajo
en los cítricos?

Los pinos salados bordean los caminos,
como lo hicieron con los antepasados.
Los antepasados nos hablan
a través de las huellas
sobre nuestras formas de conocimiento.

Con el corté de higos
dorando el ajo en el aceite
y cantando las más lindas serenatas
bajo los yucatecos
huellas para pintar.

Justice

No justice stands
when broken backs stoop
and feed the world
    but mothers with three jobs go hungry.

These are the stolen hills
el maíz de mis madres
el maíz de mis manos
    nuestro *buen provecho*.

Out there in the fields,
we fear our bodies
are weak
    to carry and cut.

Can loving you
flaca
save me
    from such a world?

Justicia

No hay justicia
cuando las espaldas se agachan
y alimentan el mundo
    pero las madres con tres trabajos pasan hambres.

Estos son los cerros robados
el maíz de mis madres
el maíz de mis manos
    nuestro *buen provecho.*

Allá en los campos,
tememos que nuestros cuerpos
son débiles
    para cargar y cortar.

¿Puede este amor
flaca
salvarme
    de un mundo así?

Groves

For Roberto, who sowed before falling—

We cry
in campos where cotton crowds
the Catholic crosses.

We brave
the back-issues
and inner-city walkouts.

We burst from this crop—
the refuge of mother's garden
the revolt of father's fields.

And I was grafted
   and threshed
      for my brother's disgrace.

Huertas

Para Roberto, quien sembró antes de caer—

Lloramos
en campos donde domina el algodón
las cruces católicas.

Enfrentamos
las revistas olvidadas
y huelgas del barrio.

Estallamos de esta cosecha—
el refugio de los jardines de nuestras madres
la revuelta de los campos de nuestros padres.

Y fui injertado
  y trillado
     por la desgracia de mi hermano.

Dried flowers

Abuela kept dried flowers on her dresser
she perfumed
with her mother's favorite lavender
to remember her by
in ritual.

Where rituals are roses,
where songs are safety,
that's where I keep you, abuela,
like you kept your mother—
where even dried flowers preserved the spring.

Flores secas

Abuela mantuvo flores secas en su tocador
que perfumaba
con la lavanda favorita de su madre
para recordarla
en un ritual.

Donde los rituales son rosas,
donde las canciones son seguridad,
ahí te protejo, abuela,
como protegiste a tu madre—
donde hasta las flores secas conservan la primavera.

Path

Our love is not only ours—

The palo verdes stand
against the creosote
that contains
the rain.

If I remember
abuela on her birth,
I will descend the wintering tree
now gone so many years.

"Mijo,"
she says to me,
"You will receive love
regardless of your path."

Camino

Nuestro amor no es solamente nuestro—

Los palo verdes están parados
contra las gobernadoras
que contiene
la lluvia.

Si recuerdo
abuela en su cumpleaños,
bajaré del árbol invernado
ahora se han ido tantos años.

"Mijo",
me dice ella:
"Recibirás amor
a pesar de tu camino".

❧ Part II **Nostalgias**

Parte II **Nostalgias**

Huellas

Will your huellas part the palo verdes?
Will they clamor for other beds?
Flaca, suffer my sex
when others purify your touch
the way I delivered myself before you
like agaves furrowed in the dew.

When others leave, we keep their cotton shirts
and leather belts on the arms of chairs.
We keep their old coins—
she carried this peso once before.

Why can't we be like eyes that fall in love with every
    sunset?
I hear the doves hooting in the tangelo trees
neighbors singing rancheras to the morning.
And I wish I was innocent enough to love you.

In the trees, I see the carrion birds—
and I will ask, am I the same person without your love?
You know me, with always more questions than
    answers—

  Which cazuelas and manos y metates?
  Which skiffs and friendships now past?
  Which yerbas buenas and hierbas malas?
  Which arms and songs of bitterness?
  What cries will reach the sky?
  What love will stay buried?
  If we kneel, we must ask—for who is it for?

Huellas

¿Separarán tus huellas los palo verdes?
¿Pedirán a gritos por otras camas?
Flaca, sufre mi sexo
para siempre, cuando otros purifiquen tu piel
como me entregué ante a ti
igual que agaves enterrados en la brisa.

Cuando otros se van, nos quedamos con sus camisas de algodón
y los cintos de piel los colgamos en las sillas.
Nos quedamos con sus monedas antiguas—
ella cargó este peso alguna vez.

¿Por qué no podemos ser como ojos que se enamoran de cada
    atardecer?
Oigo a las palomas en los tangelos
vecinos cantando rancheras a la mañana.
Y desearía ser tan inocente para amarte.

En los árboles veo las aves carroñeras—
y preguntaré, ¿soy la misma persona sin tu amor?
Ya me conoces, siempre con más preguntas que
    respuestas—

¿Cuáles cazuelas y manos y metates?
¿Cuáles pangas y amistades ya pasaron?
¿Cuáles yerbas buenas y hierbas malas?
¿Cuáles brazos y cantos de amargura?
¿Cuáles gritos llegarán al cielo?
¿Cuál amor quedará enterrado?
Si nos arrodillamos, debemos preguntar, ¿Para quién es?

We are filled with longing for we left, like the times.
Y esos tiempos me abrigan como café recién molido.

Estamos llenos de nostalgia por habernos ido, como los tiempos. Y esos tiempos me abrigan como café recién molido.

Strangers

The border makes strangers of bloodlines.

Sometimes
I look at the moon and remember you'd say,
"In three days there will be a full moon."

I can no longer look at the moon
without thinking
of you.

There's a boy on the sidewalk
begging for a quarter from the gabachos
who take prescription work or cheap leather goods.

His eyes know,
we are as necessary
as pollen.

Sometimes I want to breathe so deeply
running barefoot to each shade
before the sun burns.

And I might visit you
to say,
"I'm going to live as you do."

Desconocidos

La frontera convierte extraños de linajes.

A veces
miro la luna y recuerdo que decías:
"En tres días habrá luna llena".

Ya no puedo mirar la luna
sin pensar
en ti.

Hay un niño de la calle
pidiéndole limosna a los gabachos
que toman prescripciones o artículos de cuero.

Sus ojos saben,
somos tan necesarios
como el polen.

A veces quiero respirar tan profundamente
corriendo descalzo a cada sombra
antes de que el sol arda.

Y puede que te visite
para decir:
"Voy a vivir como tú".

Nopales

When we were children
   they threatened us—
      "Go clean nopales with broken sticks."

We are afraid to leave pictures
   fallen face-down on dirt floors—
      we do not want dark omens.

Afraid to eat seeds
   for melons
      will grow in us.

We used to live there
   drive there every month or two
      to see the new tenants.

City-college kids
   who blot-out windows
      with tin foil.

Sitting alone, I remember your words,
   "You do not have to be violent
      to show me you are a man."

Nopales

Cuando éramos niños
   nos amenazaban—
      "Vayan a limpiar los nopales con palitos".

Tenemos miedo de dejar fotos
   tiradas, de boca abajo en el suelo sucio—
      no queremos mala suerte.

Miedo de comer semillas
   porque melones
      crecerán dentro de nosotros.

Antes vivíamos allí
   visitábamos cada mes o dos
      para ver a los nuevos inquilinos.

Estudiantes universitarios de la ciudad
   tapan las ventanas
      con papel de aluminio.

Sentado solo, recuerdo tus palabras:
   "No tienes que ser violento
      para demostrarme que eres un hombre".

Arroyo

We will think of our past
with the cleaning of cacti
with the song of the struggle.

We keep memories
like rain
turning in the arroyos.

It was a fault
we did not wait for the art
hidden in our stone.

Arroyo

Pensaremos en nuestro pasado
cuando limpiamos los nopales
con el canto de la lucha.

Guardamos recuerdos
como la lluvia
girando en los arroyos.

Fue un error
que no esperamos el arte
escondido en nuestra piedra.

Songbirds

You know the gulls fly higher than the mockingbirds?

People tell us to pay attention,
and look them in the eye—
that we are ungrateful
for the work in the huertas.

I want to purify myself
with the sage of your sex.

But I wake before
broken babes from birth
playing people for power
and shots instead of songbirds.

I ask myself, can I be the prodigal son
if I was stolen to fill posts
in other countries?

You left with the tapping of the morning rains.
You knew, then,
only the desperate are courageous
enough to thumb north
para *el otro lado*.

And never look at your body
for what it can attract in me—
    love is not reflected by mirrors.

Aves canoras

¿Sabes que las gaviotas vuelan más alto que los sinsontes?

La gente nos dice que pongamos atención,
y los miremos a los ojos—
que somos ingratos
por el trabajo en las huertas.

Quiero purificarme
con la salvia de tu sexo.

Pero despierto antes
de niños heridos desde el nacimiento
engañando por el poder
y tiros en vez de los pájaros cantores.

Me pregunto, ¿puedo ser el hijo pródigo
si me robaron para llenar puestos
en otros países?

Te fuiste con la lluvia por la mañana.
Sabías que,
solo los desesperados son valientes
suficiente para arriesgarse cruzar
para *el otro lado.*

Y nunca mires tu cuerpo
por lo que puede prender en mí—
    el amor no se refleja en los espejos.

Beads

I have my grandmother's eyes,
behind her chamomile leaves
and comal of never-burn fingers,
with blooming tortillas.

A woman rubs
rosary beads that once belonged
to a bracero who said,
"Nos seguimos viendo."

I stand on the terraced hills,
see children bury coins discontinued in the 70s
to give away when they are old, to their children
and fear forgetting the faces of innocence.

And I wait for the same dove
to perch
    upon the line
        of a new day.

Perlas

Tengo los ojos de mi abuela,
detrás de sus hojas de manzanilla
y comal con dedos que nunca se queman,
con tortillas florecientes.

Una mujer toca
el rosario que una vez perteneció
a un bracero que dijo:
"Nos seguimos viendo".

Me paro en las terrazas de cultivo,
veo a niños enterrar monedas descontinuadas en los
años 70
para regalar cuando sean viejos, a sus hijos
y temen olvidar los rostros de la inocencia.

Y espero la misma paloma
posarse
        sobre la línea
                de un nuevo día.

Anchor

Me contó un pajarito—
only true love can drown you,
like sailing without an anchor.

If love means to share fears
what remains
if they fall on deaf ears?

There is a stoop there, bricked up by her door.
I never paid it any mind before,
but now I will think of it

years later.

Ancla

Me contó un pajarito—
solo el verdadero amor puede ahogarte,
como navegar sin ancla.

Si el amor significa compartir miedos
¿Qué queda
si palabras llegan a oídos sordos?

Hay una entrada allí, junto a su puerta.
Nunca le presté atención antes,
pero ahora voy a pensar en ello

años después.

Numbers

I stand behind bars
with my thoughts—
is this what process I am due?
with only a few pesos
"pay me back," Samuelito says,
"when you see the snow"
I think about family
and the children—
criminals, they call us,
but we only want for work
and for you to accept us
the way we accept you—
we want to live
and for our knowing
hands to water the fields
to leave the ground growing—
I have a phone number here
on this piece of paper
yet it fades with each day.

Números

Estoy detrás de las rejas
con mis pensamientos—
¿es esto un juicio justo?
con solo tan pocos pesos
"devuélvemelos", dice Samuelito,
"cuando veas la nieve"
pienso en la familia
y los niños—
criminales, nos llaman,
pero solo buscamos trabajo
y que nos valoren
en la forma que valoramos estas tierras—
queremos vivir
y que la sabiduría en nuestras
manos nutra los campos
para dejar la tierra floreciendo—
Tengo un número de teléfono aquí
en este papel
pero se desvanece con cada día.

Ella

When I was young,
I thought only of cities
and their culture.

But you used to make us café de talega
food with *puro sazón*
crushed chiltepín peppers
when we were younger than the pecan groves.

Do me a favor, *no pasará nada*—
let's eat raspados like before
clean beans for lotería
and hide our worry
like we do marbles in cigar boxes.

Ella

Cuando era joven,
solo pensaba en ciudades
y su cultura.

Pero tú nos hacías café de talega
comida con *puro sazón*
chiltepínes picados
cuando éramos más jóvenes que las huertas de nuez.

Hazme un favor, *no pasará nada*—
comamos raspados como antes
limpiamos frijoles para lotería
y ocultamos nuestras preocupaciones
como hacemos con canicas en cajas de puros.

Sobre la pared

We sit on the counters, on wooden stools,
   old faces with new lovers walk in.

Someone wrote on the wall,
   "I want to be the full moon for you."

I order coffee and you drink yerba mate
   as we walk on cobblestones.

I try to fill our silence
   by holding you in it.

Sometimes, eyes reveal more questions
   than answers, when you start caring.

Flaca, did you know
   the flowers of the Arabica plant are self-pollinating?

Which one of us will be
   prodigal sons or daughters?

Which one of us will fall
   to these black stools?

They say Agustín Lara earned his scars from pounding
   the piano keys on a night as dark as this boulevard.

I will cry—
   ¡Familia! I do not want death to be the only thing that
   brings us together.

Sobre la pared

Nos sentamos en las barras, en bancos de madera,
  entran viejos amigos con nuevos amantes.

Alguien escribió en la pared,
  "Quiero ser la luna llena para ti".

Yo pido café y tú bebes yerba mate
  mientras caminamos sobre las calles empedradas.

Trato de llenar nuestro silencio
  reteniéndote en el.

A veces los ojos revelan más preguntas
  que respuestas, cuando empiezas a preocuparte por otro.

Flaca, ¿Sabías que
  las flores de la planta arabica se auto-polinizan?

¿Cuál de nosotros será
  hijo o hija pródigo?

¿Cuál de nosotros caerá
  en estos bancos negros?

Dicen que Agustín Lara se ganó las cicatrices golpeando
  las teclas del piano en una noche igual de oscura como
  este bulevar.

Gritaré—
  ¡Familia! No quiero que la muerte sea lo único que nos
  reúna.

Wake

We walked over the border
to the other side—
to bring others tidings of California.

We take toils for new jeans
remittances on bodega counters
for the price of our separation.

Your breath
    like bells
        calls me
            each night
                but I wake

Despierto

Cruzamos la frontera
al otro lado—
para mandar noticias de California.

Nos esforzamos por jeans nuevos
remesas en las barras de las bodegas
por el precio de nuestra separación.

Tu aliento
    como campanas
        me llama
           cada noche
               pero despierto

❧ Part III **Viajes**
Parte III **Viajes**

Sobre la marcha

sobre la ruina
por no tener nuestras calles
nuestros files
nuestra comida
ni a nuestros amores.

someday, we will
breathe our lover's breath
love until love
finishes our fears
of any *dust to dust*.

today, a cage as small as any fear
as large as any dream—
there are so many of us
we ask for each name
to remember.

Zapata
Adelita
Benito
and Colosio
break these barriers—
we do not accept
when there is nothing human
in their construction.

our eclipsing
hides under the full moon
brushing bugambilias
on the yellow shore
like spawning pejerrey

Sobre la marcha

sobre la ruina
por no tener nuestras calles
nuestros files
nuestra comida
ni a nuestros amores.

algún día,
respiraremos el aliento de nuestro amante
amar hasta que el amor
acabe con nuestros miedos
de cualquier *polvo fuimos o seremos.*

hoy, una jaula igual de pequeña como cualquier miedo
tan grande como cualquier sueño—
somos tantos
que pedimos nuestros nombres
para recordar.

Zapata
Adelita
Benito
y Colosio
rompen estas barreras—
no las aceptamos
cuando no hay nada humano
en su construcción.

nuestro eclipsado
se esconde bajo la luna llena
soplando bugambilias
en la playa amarilla
como pejerrey gastados

washing out
to the blue green waters.

we dream—
it is always a truth
para invítanos a la revolución de las ideas
to kneel
and rise
hear psalms sing
and unveil our shame of these black veils.

what wars are these before us
what righteous rabble!
that knows every war
is won *sobre la marcha.*

whoever defines us
whoever teaches us
whoever fathers us
cannot dam our rivers
hew our hills
kill our cosechas
thresh this thunder!

we will sit before the pyramids of the sun
to learn there is no end to learning
of ourselves
of those who came before
of how to endure
of how to risk
and how to love
by accepting it freely.

arrastrados hacia el mar
a las aguas verdes azules.

soñamos—
siempre es una verdad
para invitarnos a la revolución de las ideas
y arrodillarnos
levantarnos
oír salmos cantar
y desvelar nuestra vergüenza de estos velos negros.

¿qué guerras tenemos ante nosotros?
¡qué pueblo virtuoso!
que conoce cada guerra
se gana *sobre la marcha.*

quien nos define
quien nos enseñe
quien nos engendre
¡no pueden represar nuestros ríos
cortar nuestras colinas
matar nuestras cosechas
trillar este trueno!

nos sentaremos ante las pirámides del sol
para aprender que no hay fin para el aprendizaje
de nosotros mismos
de los que vinieron antes
de cómo soportar
de cómo arriesgar
y cómo amar
al aceptarlo libremente.

our ancestors speak to us—
the power of the Yaqui pounding
our ancestors wait to sing in our souls—
the stallions and charros clamoring
everlasting in the Vermillion Sea
notes of what we can be.

and at the end of the march
we will lie together
with the sound of the waters.

nuestros antepasados nos hablan—
el poder del Yaqui temblando
nuestros antepasados esperan cantar en nuestras almas—
los caballos y charros clamando
eternamente en el Mar Bermejo
notas de lo que podemos ser.

y al final de la marcha
nos acostaremos juntos
con el rumor de las aguas.

Brothers

Schoolchildren pick flowers
in neighbors' yards
father wakes before the roosters.

I remember him saying,
"Old men return home
like elephants to die."

His elder brother replies,
"If we only think of ourselves, of what we've reaped
we will never remember our speeches."

I wish them peace
not these scars
instead of sand.

In their firmament, flags do not symbolize blood,
for we are campesinos without banners,
brothers without borders.

Hermanos

Los escolares recogen flores
en patios de los vecinos
padre despierta antes que los gallos.

Recuerdo que dijo,
"Los viejos vuelven a casa
como elefantes para morir".

Su hermano mayor responde:
"Si sólo pensamos en nosotros mismos, en lo que
    hemos cosechado
nunca recordaremos nuestros discursos".

Les deseo paz
no estas cicatrices
en lugar de arena.

En su firmamento, las banderas no simbolizan sangre,
porque somos campesinos sin banderas,
hermanos sin fronteras.

Chuparrosa

we are love
even after passing—

We will soar,
over these barriers
to where the sun rises
for the spring
   is sanctuary.

We never thought people
would prejudice our pilgrimage
and the pollen we pack.
We demand the flowers
   are free.

Chuparrosa

somos amor
incluso después de fallecer—

Volaremos,
sobre estas barreras
hasta donde salga el sol
porque la primavera
    es santuario.

Nunca pensamos que la gente
perjudicaría nuestra peregrinación
y el polen que empacamos.
Exigimos que las flores
    sean libres.

Migrantes

Migrants from Guaymas and Guamúchil,
Xela and El Negrito Yoro,
with corn pupusas and coricos,
to a coast on the bluest waters,
with hands that never weep,
who lay down eternal dichos—
    love lasts
        if you want it to.

Children back home—
medications and school supplies
elderly mothers
with heart problems.
We take a rosary,
La Virgen in prayer cards,
talk resounding emancipations,
black-out our water jugs
with people helping people.

Go north, always,
to our needs and desires.
It is 4 a.m.
and the train whistle blows,
like we're leaving as children
to the frontlines with calling cards
and tres flores pomade.

Migrantes

Migrantes de Guaymas y Guamúchil,
Xela y El Negrito Yoro,
con pupusas y coricos,
a una costa de las aguas más azules,
con manos que nunca lloran,
quienes repiten dichos eternos—
      dura el amor
        si lo deseas.

Los niños que quedaron en casa—
medicamentos y materiales escolares
madres mayores
con problemas del corazón.
Llevamos a un rosario,
La Virgen en las tarjetas de oración,
habla de emancipaciones rotundas,
pintamos de negro nuestras jarras de agua
con gente ayudando a otra gente.

Ve al norte, siempre,
a nuestras necesidades y deseos.
Son las 4 de la mañana
y suena el silbato del tren,
como si nos fuéramos de niños
al frente de batalla con tarjetas telefónicas
y brillantina de tres flores.

Frutales

they are lighthouses   without ports

they are cities   without neighbors

they are marriages   without sex

they are stars   without fishermen

they are hummingbirds   without roses

they are rivers   without rushing

they are streets   without altars

they are Saturdays   without menudo

they are the dead   without tears

they are jobs   with no pay

they are walls   without bridges

they are crosses   without love

you shall see:

    we are the fruit trees
    that our grandparents cared for

Frutales

son faros   sin puertos

son ciudades   sin vecinos

son matrimonios   sin sexo

son estrellas   sin pescadores

son chupa   sin rosas

son ríos   sin fluir

son calles   sin altares

son sábados   sin menudo

son muertos   sin llantos

son trabajos   sin sueldos

son muros   sin puentes

son cruces   sin amor

ya verás:

somos los árboles frutales
que los abuelos cuidaban

Florecemos

look behind the curtains of circumstance
in the dust
in the corn
in that maquiladora
in that patch of human passions
even over the border walls
of the deadest deserts

florecemos fuego

Florecemos

mira detrás de las cortinas de las circunstancias
en el polvo
en el maíz
en esa maquiladora
en ese huerto de pasiones humanas
incluso sobre los muros fronterizos
de los desiertos más muertos

florecemos fuego

Market

Vendors sell nopales and chiles guajillos.
Sell me warm broths and aguas frescas.
Can we buy hand-blown glass for mother?
Don't remember the politicians' names
on the walls that now promote the bullfights.
They are walking their dogs
where they shot the students
the same year they shot Martin.
Woman, do you think walls remember
children without adulthoods?

We must share our own ballad
in our own bed
to forget these thin walls.
I am here
cutting the lettuce
weeding the weeds
waiting for work to end
for it to mean our home.
And I will make eggs con queso fresco
my tortillas bloom, *recién hechas.*

"For anything,"
you whisper,
"We must *put our bodies on the line."*

Mercado

Los vendedores ambulantes venden nopales y chiles guajillos.
Véndeme caldos calientes y aguas frescas.
¿Podemos comprar vidrio soplado a mano para mamá?
No recuerdes los nombres de los políticos
en las paredes que ahora promueven las corridas de toros.
Están paseando a los perros
donde dispararon a los estudiantes
el mismo año que dispararon a Martin Luther King.
Mujer, ¿crees que las paredes recuerdan
niños sin oportunidad de vida?

Debemos compartir nuestra propia balada
en nuestra propia cama
para olvidar estas paredes de papel.
Estoy aquí
cortando la lechuga
quitando las hierbas
esperando que termine el trabajo
para que signifique nuestro hogar.
Cocinaré huevos con queso fresco
mis tortillas florecen, *recién hechas*.

"Para cualquier cosa",
susurras,
"Debemos arriesgar nuestros cuerpos".

Varillas

Citrus groves
   with the nightly dew
      of Campo Amarillo.

The brick walls wear bullets.
   Women wear flowers
      in their hair.

You will be as strong as children
   seeing fathers stand on sawdust floors
      listening to pounding hammers.

I will listen to you like trees to wind.
   And we will plant beans we hid from the markets
      in the gated lands.

Look: even in these empty sandlots
   las varillas de la esperanza
      reach to the sky.

Varillas

Huertos de cítricos
    con el rocío de la noche
        del Campo Amarillo.

Las paredes de ladrillo están pintadas de balas.
    Las mujeres cuelgan flores
        en su pelo.

Serás tan fuerte como niños
    viendo a sus padres parados en pisos de aserrín
        escuchando martillazos.

Te escucharé como los árboles al viento.
    Y plantaremos frijoles que escondimos de los mercados
        en las tierras cerradas.

Mira: incluso en estos lotes vacíos
    las varillas de la esperanza
        llegan al cielo.

Countertops

Hope lives in the hummingbird's flight,
   in the huellas of bordertown women.

Campesinos sleep on the asphalt.
   They wait for the red eyes of farm buses.

I know I make excuses about us—
   "There is lettuce to cut and money to earn."

I say these words to protect me
   from not having you.

I want to sit with you on diner countertops
   over burnt coffee and short-orders.

And when rivers break the barriers,
   we will be away from walls we use to protect
   ourselves from love.

Barras

La esperanza vive en el vuelo del colibrí,
   en las huellas de las mujeres fronterizas.

Los campesinos duermen sobre el asfalto.
   Esperan los camiones agrícolas de madrugada.

Sé que invento excusas para nosotros—
   "Hay lechuga para cortar y dinero para ganar".

Digo estas palabras para protegerme
   por no tenerte.

Quiero sentarme contigo en las barras del comedor
   con café quemado y comida rápida.

Y cuando los ríos rompan las barreras,
   estaremos lejos de las paredes que usamos para
      protegernos del amor.

River

I walked by the mill road,
    where women asked if I was hungry for their bodies.

The citrus dust stuck on my nose,
    tamarinds and prickly pears.

There was a guitar player
    who played slide with green glass bottle necks.

I read in some bus stop sign that women
    can feel the love of abuelas in their bellybuttons.

They say Simón was born with the calves,
    in the pastures of freedom.

There was a man selling poems here
    for fare or snapping fingers.

Beyond the flour mills, the river feeds the earth
    by cutting it.

Río

Caminé por el camino del molino,
  donde las mujeres me preguntaban si deseaba sus cuerpos.

El polvo de cítricos entró por mi nariz,
  tamarindos y tunas.

Había un guitarrista
  que tocaba con cuellos de botella de vidrio verde.

Leí en algún letrero de autobús que las mujeres
  pueden sentir el amor de las abuelas en sus ombligos.

Dicen que Simón nació con los terneros,
  en los pastos de la libertad.

Había un hombre vendiendo poemas por aquí
  por una tarifa o chasqueando los dedos.

Más allá de los molinos de harina, el río alimenta la tierra
  al cortarla.

Purple drapes

Purple cloth drapes over the crosses
like graduates' stoles
from south of the train tracks.

Take me where one-night stands mean forever.
And do not worry anymore
living is just a pack of cigarettes.

                    under the full moon
                    a soft wind falls from the mesas
                    upon the ringing bells of April

Paños morados

Paños morados cuelgan de las cruces
como estolas de graduados
desde el sur de las vías del tren.

Llévame donde las conquistas de una noche significan
una eternidad.
Y ya no te preocupes
vivir es solo como un paquete de cigarros.

bajo la luna llena
un viento suave cae de las mesas
sobre el sonido de las campanas de abril

❧ Part IV **Burrotowns**
Parte IV **Pueblos de Burros**

2:00 p.m., cloud-cover

A woman walking to grocery work
wonders about her children left at tía's.

A boy says to me
he does not have enough change
from his begging
to return home to father.

People sit in closed 4th Avenue parks,
where sirens become a din
of lost faces
and liquor fronts.

Prison buses carry migrants,
who long for breezes for the children.

    How liberal are your liberties,
    how free are your freedoms,
    how right are your rights,
    if you separate us
    from the people we love?

2:00 p.m., nublado

Una mujer caminando al trabajo en las bodegas
piensa en sus hijos que dejo en la casa de la tía.

Me dice un niño
que no tiene suficiente dinero
pidiendo limosna
para volver a casa con su padre.

La gente se sienta en los parques cerrados de la Cuarta
Avenida,
donde las sirenas se convierten en un estruendo
de rostros perdidos
y licorerías.

Autobuses de la prisión transportan migrantes,
que añoran brisas para los niños.

    ¿Qué tan liberal son tus libertades,
    qué justas son tus justicias,
    qué rectos son tus derechos,
    si nos separas
    de las personas que amamos?

Rain

In the fields
defying droughts
my soul seeks its source.

The red river runs riot no more
and its spray is a dream
that falls like cotton.

I live in a place pronounced free
but I say to them under the marble stones
look at these fields, what you have cut

you do not deserve the rain.

Lluvia

En los campos
desafiando las sequías
mi alma busca su fuente.

El río rojo no se desboca más
y su rocío es un sueño
que cae como el algodón.

Vivo en un lugar declarado libre
pero les digo que debajo de las piedras de mármol
miren estos campos, lo que han cortado

no merecen la lluvia.

Ama

Ama was mother to so many children.
As poor as she calling others her children,
from 8 to 5,
in other people's homes—
left to our own devices,
hiding in the cornfields,
'borrowing' cantaloupes,
after the bus lets us out on Avenue F,
where Chávez once sat to protest DDT.

"I look to the children
to find what I must do,"
I heard her say.

Ama
is spring to us
during winter.

Ama

Ama fue madre de tantos niños.
Tan pobre como ella diciéndoles a otros mijos y mijas,
de 8 a 5,
en casas ajenas—
haciendo nuestras propias cosas,
escondiéndonos en los campos de maíz,
llevándonos melones,
después de que el autobús nos deja en la Avenida F,
donde Chávez una vez se sentó para protestar contra la pesticida.

"Miro a los niños
para saber lo que debo hacer",
la escuché decir.

Ama
es primavera para nosotros
durante el invierno.

Thursday: Altar, Sonora

rifles rip...
desert walls separate our souls...
always, there is talk of common graves...

A mother searches for her boy,
who crossed the border by foot
under the Sonoran sun.

Places voicemails to people
who don't bother to listen
or type a name with an accent.

I met her once, at the airport terminal.
She told me the boy's height and weight
and favorite songs for early mornings.

"Mis amigos,"
I say to the unknown faces,
"We are wrought from the same ruin."

You know they take out the crosses on Sundays
to listen to children singing
in the choirs of the sky.

These names
were spoken on the path
only yesterday:

   Rómulo María Reynaldo Julia Juan
   Tomás Lourdes Cecilia Manolo
   Carlos Ángela Angélica Guadalupe
   Guadalupe Guadalupe Guadalupe Guadalupe

Jueves: Altar, Sonora

los rifles explotan...
los muros del desierto separan nuestras almas...
siempre se habla de tumbas comunes...

Una madre busca a su hijo,
que cruzó la frontera a pie
bajo el sol sonorense.

Deja mensajes de voz a personas
que no les importa escuchar
o escribir un nombre con acento.

Me la encontré una vez, en la terminal del aeropuerto.
Ella me dijo la estatura y el peso de su hijo
y las canciones favoritas para madrugar.

"Mis amigos",
les digo a los rostros desconocidos:
"Somos forjados de la misma ruina".

Sabes que sacan las cruces los domingos
para escuchar a los niños cantar
en los coros del cielo.

Estos nombres
fueron dichos en el camino
solo ayer:

    Rómulo María Reynaldo Julia Juan
    Tomás Lourdes Cecilia Manolo
    Carlos Ángela Angélica Guadalupe
    Guadalupe Guadalupe Guadalupe Guadalupe

Samuel Humberto Rosa Roberto Víctor
Roberta Esperanza Altagracia Micaela
Fe María Emilia Emiliano Leonardo Benito

If you're lucky enough to draw breath,
keep these names and remember them
when you rise.

Samuel Humberto Rosa Roberto Víctor
Roberta Esperanza Altagracia Micaela
Fe María Emilia Emiliano Leonardo Benito

Si tienes la suerte de respirar,
protege estos nombres y recuérdalos
cuando despiertes.

Coyotes

Miles bleed into flashing trees and electrical lines.
There are millions of borders and railroad ties.
They say I've to pay the man
or ask María who sits on the bodega stools.
I want a clean cup of coffee.
You know, they used to grow
the beans in my hills.
And I want to sleep next to you
and forget this desert.
"Our wait will be very long," he says.
I kill time blackening water jugs.
Children mend fishing nets for hammocks.
They want to see who is the fastest
running away from me.
A man looks at me
and because I am a stranger, says,
"My father died in my arms."
Do you hear the coyotes?
Do you hear the owls hooting?
Let's not walk no more,
what else is there to prove?—
we've given them even our youth.

Coyotes

Kilómetros se desangran en árboles y líneas eléctricas.
Hay millones de fronteras y lazos de ferrocarril.
Dicen que tengo que pagarle al hombre
o pregúntale a María que se sienta en los bancos de la bodega.
Quiero una taza de café.
Sabes que sembraban granos
de café en mis cerros.
Y quiero dormir a tu lado
y olvidar este desierto.
"Nuestra espera será muy larga", dice el hombre.
Paso el tiempo ennegreciendo garrafones de agua.
Los niños reparan redes de pesca para hacer macas.
Quieren ver quien es el más rápido
huyendo de mí.
Un hombre me mira
y porque soy extranjero, dice:
"Mi padre murió en mis brazos".
¿Oyes a los coyotes?
¿Oyes ulular a las lechuzas?
No caminemos más,
¿Qué más hay que sacrificar?—
les hemos dado hasta nuestra juventud.

Singing

How many seeds planted
tangelo trees grafted
black berries picked
coffee beans dried
DDT inhaled
backs hunched
nails pounded
Saltillo tiles grouted?

But by late November,
abuela sings songs
of Cri-Cri
and brews yerba buena
and paints love
with childhoods
in San Juan de Los Lagos
under the gum trees.

Abuela is the verse
of our earth.

Cantando

¿Cuántas semillas sembradas
naranjos injertados
moras pizcadas
granos de café secos
químicos inhalados
espaldas agachadas
clavos martillados
loseta de Saltillo enlechadas?

Pero a finales de noviembre,
abuela canta canciones
de Cri-Cri
y prepara té de yerba buena
y pinta amor
con infancias
en San Juan de Los Lagos
bajo los eucaliptos.

Abuela es el verso
de nuestra tierra.

Cilantro

When we were young we all slept in one bed
   and so did your family.

Abuela sells tamarind candy
   to children learning English.

Students live so far from school
   their bus gets home at night.

Women water so many plants
   and I ask to take home some cilantro for Sunday caldo.

Brother thinks
   that love can spring from street-corner hookups.

Cilantro

Cuando éramos jóvenes todos dormíamos en una cama
y tu familia también.

Abuela vende dulces de tamarindo
a los niños que están aprendiendo inglés.

Los estudiantes viven tan lejos de la escuela
su autobús llega a casa por la noche.

Las mujeres riegan tantas plantas
y pido llevar a casa un poco de cilantro para el caldo
del domingo.

Hermano piensa
que el amor puede surgir en liarse en las esquinas de
las calles.

Familia

Father and uncles
sit and watch the road
to drink black coffee.

The children ask for strawberry raspados
and I want one de ciruela,
to contemplate your lips with the pits.

Grandparents do not let me go to you
without asking your mother
permission to visit.

I am to pick limes
from the neighbor's tree
for Sunday caldo.

Mother combs sábila in her hair,
and the room smells of aloe
and canela.

All parents hang pictures
of children making faces—
crying confusion crying.

I do not like to dance but cumbias are playing
and the children are sleeping
under the tables.

Late at night
we hear uncle banging
on the neighbor's door.

Familia

Padre y tíos
se sientan y miran la carretera
beben café negro.

Los niños piden raspados de fresa con leche
y yo quiero uno de ciruela,
para contemplar tus labios con los huesos.

Abuelos no me dejan ir a ti
sin pedirle permiso
a tu madre para visitar.

Voy a pizcar limones
del árbol del vecino
para el caldo de domingo.

Madre se peina con sábila en su cabello,
y la habitación huele a áloe
y canela.

Todos los padres cuelgan cuadros
de niños haciendo muecas—
llorando confusión llorando.

No me gusta bailar pero tocan cumbias
y los niños están durmiendo
debajo de las mesas.

Ya noche
escuchamos a tío golpear
la puerta del vecino

I am here
I live
because of you.

Estoy aquí
vivo
gracias a ti.

Friday, afternoon

Ripped kicks hang from electrical lines on summer days
with sex only colored neon
along used tire shops and oiled hands.

Mothers know, pain releases with Vicks or 7Up con
   limón.
Our songs will nourish you
when you are away from our streets.

Men with open shirts playing dominos under the fig
   trees.
They say to me,
"Sometimes love traps—*cuídate.*"

Viernes por la tarde

Tenis rotos cuelgan de las líneas eléctricas en el verano
y el sexo con color neón
junto a las llanteras y manos aceitadas.

Las madres saben, el dolor se alivia con Vicks o 7Up con
    limón.
Nuestras canciones te nutrirán
cuando estés lejos de nuestras calles.

Hombres con camisas desabrochadas jugando al dominó
    bajo las higueras.
Me dicen:
"A veces, el amor pone trampas—*cuídate*".

University

Undergraduates write their names on the bar walls
use the library steps as soapboxes
hide their lusts in other arms
in other towns
to learn new love.

When you first said my name
you rolled the r's
at the door of your studio apartment
that overlooked
the foothills.

You soothe me
   like rain
      to creosote.

Universidad

Los estudiantes universitarios escriben sus nombres en
    las paredes de la barra
usan los escalones de la biblioteca para plataformas
esconden sus lujurias en otros brazos
en otros pueblos
para aprender un nuevo amor.

Cuando dijiste mi nombre por primera vez
pronunciaste las R
en la puerta de tu departamento
que tenía buena vista
de las colinas.

Me alivias
    como la lluvia
        a la creosota.

Counters

On counters, you'll learn wisdom
if you bring tíos a drink—
They say, in between laughter,
"It's a sin to not know how to dance, mijo."

Women ask,
"What part of you is mine to hold?"—
"Hold my warmth,
my seasons."

Bugambilias brush
in the saltwater pines—
we sleep under them
if the light goes out.

Barras II

En las barras, aprenderás sabiduría
si les llevas un trago a los tíos—
Dicen, entre risas:
"Es un pecado no saber bailar, mijo".

Las mujeres preguntan:
¿Qué parte de ti es mía para mantener?
Sostén mi calor,
mis temporadas.

Soplan las bugambilias
en los pinos salados—
dormimos debajo de ellos
si la luz se va.

Printed in the USA
CPSIA information can be obtained
at www.ICGtesting.com
LVHW090918211023
761746LV00023B/172/J